Stig Colbjørn Nielsen

Italienske Billeder!
Immagine italiane

38 digte & kortprosa på dansk og engelsk med italienske titler
Tekster, fotos, redigering & layout: Stig Colbjørn Nielsen
Forside & billedkunst: Maria Yedgarian Andersen
Kunstnerisk rådgivning: Yvonne Skyttegaard Hansen

1. udgave
ISBN: 9 788771 458381, Forlag: "Books on Demand"

København
© 2014

Forfatter Stig Colbjørn Nielsen

Indhold:

Billedkunstner Maria Yedgarian Andersen

Yedgarian Art – Una presentazione in breve

"Som fritidskunstner arbejder jeg på flere forskellige måder, fra blyantstegninger til akvarel og malerier, til digital kunst m.m. For mig er det vigtigt, at beskueren finder mine værker tiltalende og inspirerende. Jeg har i de senere år arbejdet med at bevæge mig ud af min "trygge ramme" og kastet mig ud i at tegne mennesker og andre dyr, da jeg startede ud med kun at tegne heste de første mange år. Jeg vil med mine tegninger og malerier skabe udtryk, skønhed og mystik for at vise kunstens smukke side. Mine værker er for det meste inspireret af realismen; men tit blander jeg også abstrakte elementer ind over, så billedet får et andet udtryk, der gør det til noget særligt for mig."

Maria Yedgarian Andersen
Randers, Oktober, 2014

https://www.facebook.com/pages/Yedgarian-Art/439207426180277?fref=ts

01. La città – la vita stessa

Brusende vande
Drivende skyer
Børnenes glæde

Roma lever
Livet flyder
Himlen blåner

I vemods tanker er du
I fjerne toner er jeg
I hjertet lever vi nu

Pinjerne dufter
Svalerne flyver
Vinløvet rasler

Tidernes tid
Tidløsheds liv
Evigheds mål
Endeligt håb

02. La mia città – La mia anima

Livet duften
Af det gyldne lys
Smagen drømmen
Om det smukke kys

Fornemmelsen
Mursejleres flugt
Hvide længsler
Kom tilbage kom!

Solsort spurve
Varme tegltage
Rislende vand
Evig gylden by

Måltid stemmer
Menneskenes liv
Uendelig
Blå melankoli

03. Fide & Vita

Tanker uro
I sjælenes hus
Hænder arme
Rækker mod dig

Vinen brødet
Evig sandhed
Fortvivlelse
Med håbets glød

Tag imod det
Magter ikke
I glædens ånd
Kærligheds bånd

04. La nostra notte d'amore a Chioggia

Come,
Come my dear,
My love

Let me feel
Your skin, your scent,
Let me hide my face
In your long hair

My warm skin
Is longing for your body,
Our bed is waiting for us

Oh,
Touch me gently,
And I'll lovingly caress
Your back, your thighs,
Your tits, your butt

Press your breasts
to my hard bring,
And I'll kiss you
Infinitely deep

Sit here now,
crotch of me,
And I'll fill you out
Until you float away
On the wild wings of love

Come,
Come back to me,
I'll promise to share
The golden gift of love
And the high starry sky
With you for ever

Oh,
To make love to you,
To love you until eternty
To give you all the joy,
The life and my desire,
Gets our heart's blood
To stream as a waterfall

The sweet taste
Of all your kisses,
Your bright eyes,
It all returns to me
Life, moonlight
Hope and love
The blue hours
All moments of truth

05. Cielo & mare

Lys
Vandet og vinden
Sandet og solen
Tidløs nutid
Begrænset tid
Blod

Nu
Pæne høflige
Organiseret
Tilfældighed
Gyldne Euro
Rød

Her
Blåt bruser bølger
Løfter bærer
Blidt blødt voldsomt
Tanker om os
Liv

06. Il tempo, la città, l'amore!

Mursejlerne -
i den blå uendelighed
højt over vore hoveder.
Duftene -
timian, laurbær og kattepis
grønne pinjer mugne kældre.
Stemmerne -
i de tusind venlige samtaler
alle ordenes varme symfoni.
Smagene -
af Cappuccino og Strega og is
enkle middage med Frascati.
Pauserne -
under caféens skyggende løv
i hånden avisen La Repubblica.
Øjeblikkene -
kommer midt i byen midt i livet
den hele Verden fanger os ind.
Tiderne -
vi flyder i det aller grønneste græs
sulle rovine dei palazzi del Palatino.
Aftenvindene -
svæver over byens uendelige tage
på tagterrassen kysser vi hinanden.
Bønnerne -
stiger op med hvide engles vinger
fra de tusinde kirkers klokkeslag.
Middagene -
nydelsens ufattelige enkle velsmag
med alle de lyse tanker til dessert.
Stjernerne -
på den fløjlsbløde sorte nattehimmel
skriver i sølvdrys vore navne i mandtal.
Kærligt -
spadserer vi fra Piazza del Popolo
og hånd i hånd ind i tidløsheden.

07. Stelle di Roma

Over mig strækker sig Himlens bue,
de utællelige stjerners uendelige vrimmel
funkler og blinker som spejle af lys
fra tidernes morgen til øjeblikket her.

Midt i nattens sorte fløjlsbløde skønhed
kan jeg ane den tidernes yderste rand,
hvor jeg selv vil blive opslugt af evigheden,
det endeløse øjeblik jeg forsvinder og er.

Derude engang, i morgen eller om lidt
hvor alt det, der var, der er og ville blive
forener min sjæls tidsløse pilgrimsvandring
i tid og rum, i drømme og virkeligheder.

Herude kan jeg ikke længere fornemme,
føle og vælge tid fra før til nu og altid.
Herude må jeg acceptere som vilkår,
at baglæns kan være forlæns og omvendt.

Kan jeg i det hele taget nogensinde eller
blot i denne evigt skønne romerske nat
vide med sikkerhed, hvorvidt jeg mon
bevæger mig fra årsager til virkninger?

Hvad nu hvis øjeblikkets hemmelighed
i virkeligheden er den rationelt logiske
kendsgerning, at virkning skaber årsag?
Hvor er jeg så lige nu og lige om lidt?

08. Quando fiorisce Sicilia

Der stod hun
med smeltende smil
smækre linjer
fristelsernes fristerinde
kvinden.

-

Kom! - Var alt hun sagde,
solen forgyldte hendes hår,
tændte lyset i dem begge.
Den hede stilhed vibrerede.
Kom! - Hun vendte sig,
nederdelen strammede
blidt i blød bordeaux,
aftenluften bar duften
af forventninger
af kvinde
af liv.

-

Kom! - Han greb hendes hånd,
fulgte fuglenes flugt i det blå
med øjeblikkets øjne.
Kom! - Tryllebindende udsigt
Middelhavet blånende
med sølvglitrende ilinger.
Kom! - Hendes øjne søgte hans,
blikkene bandt båndene,
hans arm om hendes liv
skaberværkets perfektion!
Kom! - Et glædens brus vældede frem,
forventningernes lykkerus
oleandernes bedøvende duft.

-

Kom! - Kysset uafvendeligt
evigheden sat i stå i sekundet,
hvor engles hvide vinger
sendte kærlighedens brise
ind i hjerternes gem
trods alle skæve
konventioner.

09. Notti d'oro di Roma

Jeg tænker
på de tindrende timers
bløde blues
når natten næsten
når næste
morgens milde mørke
mellem
os og
vore varme
kroppe.
Dryppende drømme
fylder fuldstændigt
søvnen og sengen.
Varme og velvære
virkelighed
ufattelig
uendelig
udelelig delt.
Uforståelig for flere
umoralsk med mere.
Lad det være,
det er rødt
det er vor
velsignede verden
vild og varm
Vidunderlig
vores.

10. Occhi scuri e luminosi al Sant'Eustachio il Caffè!

Glade stemmer, kakofonisk symfoni for øjne og øren med sydende svedende espressomaskiner i blankpoleret stål, iPads, bærbare, mobiler, aviser, studiebøger, trippende fødder, skrabende stoleben mod fortovet, Sant'Eustachio il Caffè, simpelthen. Grimt på en smuk plads, velsmag og duft som lå Paradiset på gadehjørnet.

Min "Cappuccino Doppio" dampende fristende med en duftende "Strega" i glasset på det lille bord, den bærbare tændt, arbejdet kan begynde i pausen. Føler uventet varmen fra et blik to borde til venstre. Smukke, mørke og glade øjne, langt kastaniebrunt hår, slanke hænder og lange velplejede fingre holder om glasset med vand. Møder hendes stærke blik over kanten på den bærbare.

Forgæves forsøger jeg at frigøre mit blik fra hendes, hun holder mig fast med sit diminutive smil. Mobilen fortæller, at blue tooth er connected, febrilsk roder jeg den frem af min lomme. Hun hedder Laura, hun er skuespiller og aktivist ved Teatro Valle Occupato, husker mig fra Facebook. Jeg er forvirret, jeg tænker, hvad rager det dog mig?; mens jeg svarer, hvad jeg hedder og er fra Danmark! Jeg vil gerne have en Tartufo til min kaffe, tak! Så køb dog selv en, tænker jeg samtidig med, at jeg tager min kaffe, drikker min Strega ud, rejser mig og går hen imod hendes bord. På vejen bestiller jeg to Tartufo. Mon vi er jævnaldrende? Nej, hun er nok en halv snes år yngre end jeg er. Hun sender mig et vidunderligt smil, ser op på mig med sine mørke, kloge øjne. Jeg sætter mig. Ingen af os siger noget, tjeneren kommer med vore kager. Tavsheden føles mærkeligt nok ikke hverken pinlig eller uvelkommen, det er, som en engel breder sine vinger ud over os lige nu.

Hun lægger sin hånd på min, ser mig direkte i øjnene, siger så, at jeg skal opleve hendes teater i aften, og at hun gerne vil invitere mig på en enkelt middag bagefter. Vel vil jeg da ej, jeg har sandelig andre ting at tage mig til, jeg har vigtigere gøremål end at øde min aften i et ordrigt teater og på en ukendt kvinde, tænker jeg; mens jeg hører min mund takke ja og spørge om, hvor og hvornår og hvordan på mit hakkende skoleitalienske. Det finder du ud af, siger hendes smil uden ord i det smukke ansigt på den vidunderlige kvindekrop lige overfor mig. Stop så! Tænker jeg, og svarer, at jeg allerede glæder mig!

Vi nyder vores kaffe og de lækre Tartufo, vi small talk'er lidt om alting og ingenting, taler pludselig og besynderligt om Rainer Langes og Frantz Amathy's musik. Ingen af os slipper øjenkontakten med hinanden. Det her går rivende galt, er min tanke; mens jeg intenst nyder øjeblikkenes evighed.

Kaleidoskopisk aften i det smukke teater, bliver præsenteret som en af teatrets Facebook venner og støtter for en række af Lauras kolleger. Jeg må tilbage til min lejede lejlighed i Via dei Capocci er min tanke; men få øjeblikke senere står jeg i hendes lejlighed i Via Cimarra, hvor jeg uopfordret er i gang med vores hovedret, Saltimbocca alla Romana. Den store buket blodrøde gladiolus, som jeg absolut ikke ville købe; men som jeg havde med alligevel, står på hendes spisebord under den gigantiske venezianske lysekrone. Det her er helt forkert og ligeså fantastisk vidunderligt, som vor lille intime middag. Selvfølgelig går jeg hjem til min lejlighed, når vi har spist færdig, tænkte jeg; mens jeg spurgte, om vi skulle have et krus te med lidt musik til i stuen bagefter?

Oprydning, opvask, tebrygning, jamen nu stopper du altså, tænkte jeg, og bar tekrus, tepotte og nogle sicilianske småkager ind på sofabordet, mens Laura tændte to små lamper, så stuen nu lå i et blødt og varmt og indbydende lys. Musikken var Björks "Biophilia", som blev nydt intenst og efterfulgt af tænksom stilhed og nærvær i den store sofa under et stort maleri i blå nuancer.

Udenfor kom to lyn og snart efter tordenbragene og regnen i stride strømme. Uden at vide det, uden at ville det, var de rykket tæt sammen i det ene sofahjørne. Lauras hoved hvilede på hans bryst, hendes lange, mørke hår kildede kildede ham hyggeligt på næsen. Jeg må hjem nu, det er blevet ret så sent, var min klare tanke; mens jeg takkede ja til gæstetandbørsten, det rene håndklæde og det varme smil, hun gav mig, for jeg kunne ikke bare lige gå hjem i det uvejr, mente hun. På forunderligste vis forsvandt enhver fornemmelse for tid, jeg måtte løsrive mig nu! Tænkte jeg; mens vi sammen og hud mod hud glade gled ned i hendes seng. En enkelt elegant lille lampe kastede et diskret og mildt skær over os begge og vore fornemmelser for mødet mellem mand og kvinde udenfor tid og tanke. Kyssene gjorde deres virkning, hendes smukke bryster, lækre lår, ja, hele denne vidunderlige kvinde med de kærlige hænder overalt på min krop, det dybe, varme blik i mine øjne, mine hænder på hendes bløde hud og våde skød, vi måtte bare forenes i glæden over hinanden, i nydelsen, i meningen med livet. Ingen tanker, titusinde følelser, fornemmelser, ukendte drømme, overraskende håb.

Jeg slukkede lampen, tænkte ikke en eneste tanke, hun gav mig endnu et kys, fortalte mig, at hun glædede sig til at vågne op sammen med mig i morgen, når fuglene sang på den romerske forårshimmel. En indviklet; men lykkelig bunke mand og kvinde filtret ind i hinanden og hinandens tanker, drømme og forhåbninger, trætte, glade, tilfredse, ja, vel lykkelige i virkeligheden faldt trygt i søvn uden en eneste bekymring eller tvivl om den ny verden, der på godt og ondt ville vække dem med morgensolens første gyldne stråler.

Morgenen viste sig akkurat så smuk og forjættende, som deres uudtalte drømme. Ikke det mindste spor af afgnavet samvittighed; men tidløs livsglæde. Dagens pligter kaldte, hans eneste tanke, ja også hendes, da de gik hver til sit, var i virkeligheden blot en følelse eller fornemmelse, som havde deres sjæle aftenen før været til bryllup i Santa Maria in Aracoeli – og så havde det i virkeligheden blot være Sant'Eustachio il Caffè, et blik og to tartufo, der drev verden, deres verden videre måske mod lykkens Paradis, måske mod katastrofens rand?

....

Lo spirito degli alberi

Tu sei negli anni più veri
tu sei negli occhi miei
lo spirito degli alberi
che insegue la mia età
tu sei nel tempo che va
da qui all'eternità . . .
lo spirito degli alberi
che insegue la mia età
che insegue la mia età . . .

Eros Ramazotti
Roma, 2000

11. Luce & vita

Under det sollyse vinløv
glider jeg stille ind
i mine øjeblikkes
dybe labyrint -

Under de sollyse pinjer
en ny begyndelse
løfter skyggens silhuet
uendelig let -

Under den sollyse platan
får tankerne vinger
glider bort kommer igen
fra evigheden -

Under de sollyse roser
jeg undrer mig over
sjælenes særegne liv
i tidløsheden -

Under den sollyse himmel
tiden eksisterer
alene som bortglemte
glimt af det skønne -

Under de sollyse mure
jeg finder vejene
tilbage til glemselen
fra det jeg husker -

Under den sollyse tid
mit efterår bliver
forårets glimtende lys
løfter om glæder -

Under de sollyse drømme
kærlighedens stier
dukker op som stjerner
på Romas himmel -

12. Aneliti di Roma

Åh, hvor mit vemod
kommer drypvis sivende
gennem marv og ben!

Hvor jeg dog længes
vildt, vidunderligt, voldsomt
når vi nu skal ses.

I øjeblikke
hvor tiden kærtegner os
eller længere.

Romerske nætter
bløde livsbekræftende
duftende pinjer.

Jeg længes, savner
så det smerter, hvidt, bløder,
når jeg går fra dig.

Mit hjerte længes,
mens vi nu går hånd i hånd
ord bliver for små.

Måske jeg længes,
fordi jeg ikke ved,
hvor længe endnu?

Livgivende regn
øjnene flyder sammen,
skyer åbner sig.

Din kærlighed
varer den mon også ved
næste øjeblik?

Åh, hvor jeg længes
i min utålmodighed
evigheds ager -

13. La dolce brezza della Toscana

Here I am in a summer's sunshine,
I hear the rippling of streaming waters
From a rushing creek behind the hill.

An overwhelming cover of green life
At all the lush land with endless fields.
Grain and beech are vying for growth
Heifers in the meadows with lush clover
And all the birds are singing for me.

You're not here with me on my road,
In my poor chest still my love presses,
My heart get stuck with freezing blood.

Whether I was offered all the World,
Forever I would refuse to take anything,
Old brandy had to drown my longings,
My oblivion halo should be polished.

Holding your hands, sharing our minds
We could walk the waves at the open sea,
Winter's Northern lights would burn
Our names in the endless stellar swarm.

All mountains would wake up and smile
With your mild gaze to caress them.

Lovingly the gentle wind of Toscany
Dries out bitter tears and heavy thoughts,
They never reach down into the grass,
Your green and covering new quilt,
Giving it's shadow to all we wanted.

Why should you be separated from life?
Your eyes were my ever shining stars,
We swore to follow to the end of the World;
Anyway did you first and only reach it for us.

With us in my beating heart, I must wander
Through the green valleys and barren deserts
With others now I shall live our lives and dreams.

My thoughts and desires and golden longings
All rises with the wind to the high blue sky
Our souls are forever united by the wind -

....

Skönhetens stod

Jag så skönheten
Det var mit öde! Däri ligger allt.
Hur tacker jag därför?
Färska rosor strör jag alla dager
brutna med heta händer
främför din stod
att ditt leende vilar därpå.
Var får jag rosor
som icke skända mina drömmar?
Det är min lott -
att alla dagar gå med rosor till min drottning
och ligga snyftande vid hennes fötter . . .
När skall jag stiga upp lätt som en fjäder
att hemta rosen, den enda, den som aldrig dör,

Edith Södergran, 1925

14. Quando il dubbio viene a me

Vi sidder sammen,

tæt, trygt og varmt omslynget
næsen i dit hår.
Din arm om min hals
dit hoved let mod mit bryst

vi flyder sammen.

Din bløde skønhed
selve livets blomst udfoldet
solbeskinnet drøm.

Fortryllende syn

duft af Monti Abruzzi
flyvende svaler.
Mit hjerte banker
for dine glade øjne,
perfekte bryster.

Mit blik favner dig

kan dog ikke hvile helt
glider videre.
Med musikkens toner
mine tanker vandrer ud
mod horisonten.
Du bevæger dig,
hvad betyder det dog nu?

Er det kærlighed?

Måske er det så?
Åh, dine kys så skønne
tør ikke tage dem.
Vælger jeg nu dig,
hvad bliver så tilbage
til Gud i Himlen?

Du, ene kvinde,

er for mig selve livet,
har jeg fortjent det?
Jeg er blot en mand
fyldt med tvivl og ydmyghed
kan næppe nå dig?

Tager jeg imod,

bringer jeg ubalance
ind i din Verden,
forstyrrer din ro,
så din kærlighed dør ud

flygtig som ilden -

15. La mattina viene a me

Stilhed -
- jeg hører stilheden!
Dug -
- jeg dufter duggen!
Lys -
- jeg står i lyset!

Stilhed, stille, stille -
- selve tidløsheden!
Dug, dis, drivende -
- determineret drøm!
Lys, liv, livgivende -
- legende lethed!

Morgen -
- jeg fornemmer livet!
Musik -
- stilhed med fuglesang!
Mulighed -
- jeg har mulighederne!
Kølighed -
- jeg føler kulden!
Skjorte -
- jeg knapper skjorten op!
Hjerte -
- hjerteblodet varmer!
Tanke -
- jeg tænker på dig!
Længsel -
- jeg længes efter os!
Tomhed -
- sindet tømt for kærlighed!
Håb -
- jeg er håbløsheden!
Tro -
- jeg er troløsheden!
Intet -
- jeg er intetheden!

16. La nostra vita è nei tuoi occhi

*

Lys
lysets nerve
livets lys
sindets muld
sjælens skat
hvilken rigdom
du og jeg
kan dele

*

....

Immagine Italiane

"To fremmede, en mand en kvinde, et møde på en cafe, Rom i forår, det modne blod, varmes med ungdommens scirocco, forenet fortid fremtid, står stille i nuet, solen brænder skyggerne af andre bort, tankerne vandrer i horisonten, er det mit at tage? Mit at få? Tvivl, stilhed, hjemme er flygtigt, som sommerskyen, smagen af Rom, Sicilien, Bologna, fortid i nutid, fremtid, vinden blides i pinjetræernes eros, bjergenes skygge, rød harmoni, blå melankoli, virkeligheden kan vente eller indhenter den mig? Os!" - **Som jeg har læst "Italienske Billeder"!**

Yvonne Skyttegaard Hansen
31. oktober, 2014

....

17. Intuizione cruciale

Stilhedens
blå højtidelighed,
stjernehimmelens
lyse uendelighed.

Sjælenes
kolde ensomhed,
storhedens
overvældende
kraft gennemlevet
under Siciliens måne.

Tankernes
vilde vinger
løfter mig derud,
ingen vej tilbage.

Nattemørkets
sorte evighed,
det indre øjes lys,
personligheden
genskabt i stjerner.

Indsigtens
tvivl bortvejret.

*Æstetikken,
det jeg er;
etikken,
vejen dertil.*

*Storheden
fylder sindet
med at være
sig selv -*
Liv

18. Urbs & Orbis

Langsomt
flyder livet
blødt blidt intenst
solnedgangen
gløder
forgylder fint
byens tage
lyde dæmpes
mørket
med stjernerne
tænder tanker
din hånd i min
kysset
forsegler nu
på Piazza
del Popolo
skæbnen
for os begge
evigt tidløst
Urbs et Orbis
vores.

19. Sotto i fiori di mandorlo

Han fornemmede hendes velvære,
som hænderne blødt og intenst
gled ned over hendes ryg og lænder.
Den lune vind rislede i græsset.

Hofternes
indbydende rundinger,
lårene som stærke slanke
tempelsøjler
gav efter i den blide nydelse,
ro og indbydende nærvær.

Hun fastholdt hans glade blik i sit
med uventet intensitet og kraft,
verden nu lukket ude og inde
på samme tid som altid
for altid tidløshed.

Kun hende og ham
under himmelens spejl,
mandeltræer og titusinde cikader.
Intet og alting de ænsede;
alene med livsglæden,
og lydløst dryssende
mandelblomsters blade.

Intet nyt
trods årtusindernes hærgen,
alting nyt
forunderligt genopdaget.
Deres åbne,
dybe ordløse samtale
langs udsigten fyldte hjemvejen ud.

20. Roma

Snævre
gyder og gader
i en evig stad med
myldrende menne-
sker på bunden af støjhavet
og mellem tusinde slidte solfar-

vede huse. Skønne bygninger -
huse, kirker, biler, paladser, mo-
numenter og opfindsomhed, tek-
nik og fantasi og alting, alligevel i
kirkens kærlige blå greb. Spil-
lende vandstråler sat i musik af
Respighi, klare dråber, spaghet-
ti og vin, brød og svalende sten-
eges lange lyslilla skygger med støv.

Hvor før var fortids liv ligger bun-
ker af sten i stumper. I tomme klam
me grotter, der en gang var boliger

runger nu stilheden op gennem
generationer og stinkende katte-
pis. På muldede mure sprænger
ukrudt og krydrede urter menne-
skers fortid, hovmod og hærgen i
tusinde stykker, skaber liv og andre

fremtider. Min café, min skygge, min
vin, min kaffe, mit vand, mit brød, mit
hjørne, mit hvil, midt i det hele, midt
i verden, i verdenshistorien
myldrende nutid, liv,
midt i tiden, midt
i alting, mit i,
midt i Rom,
mit Rom
Roma

21. Io sono; dunque sono a Roma

Bag mig byens fortrolige lyde,
over mig i det lysende blå
utalte skrigende mursejlere.

Avisen er La Repubblica,
kaffen er un Cappuccino,
og den lille luksus la Strega.

Turister i stress passerer
derude i varmen og solen;
skyggen skærmer mig nænsomt.

La mamma fra køkkenet spørger,
forsagt og forsigtigt hvornår i aften?
Om spagghetti'en skal være
Spaghetti alla Casa?
Om hun må bestemme il secondo?

Jeg har noget arbejde,
der skal gøres i eftermiddag,
vi enes om tid og måltid.

Min serviet og halvfyldte rødvin
står på sin faste plads på hylde 4.
Venter, til jeg er tilbage i aften
alene eller med en mere?

Så roligt, så afslappet
i det 21. århundredes hekse-
kedel her i en evige stad.

Antonietta ved disken forventer,
usvigeligt sikkert, rødt
jeg flirter på vej ud.
Tryghed, forudsigelighed
gennem årtusinderne.

Denne særlige stemning,
lydene, duftene, livet,
jeg tænker på dig
tænker netop nu,
ville så gerne
dele det hele
med dig.

22. Felicità

Livet
er smukt,
i stadig skiften
forsvinder
det
alligevel
uventet lige lukt
i glæder, i sorger,
i erindringernes
brusende floder,
vokser
sarte minder,
ungdommens uro,
alderens pondus,
i dejlige følelsers sus.
det er det hele værd
den sande værdi
vi kan tage med
os herfra
dertil

23. Bologna, il mio inferno sulla Terra!

Vågner, sveden danner floder i sengen, fugten, varmen, myggene, morgentrafikkens kakofoniske tolvtonesymfoni kan ikke være i vinduesrammen, åh, hvor jeg dog savner, ja, hvad er det for et vemods grønne ansigt, der kryber frem under sengen?

Jeg råber uden lyd på frisk luft og bjergenes harmoni, de bjerge, som kun troen kan flytte. Hvor er min tro? Smeltet måske? Nej, intet kan smelte i den fugtige varme, alt er smeltet, lydene, duftene, stanken af modernitet midt i klassisk arkitektur og væltede skraldespande. Jeg skulle aldrig være stået af toget i aftes, jeg burde være fortsat mod himmelske egne og bort fra fugtigvarmens Helvede på jord; men vi to skulle jo mødes her i de skønne århundredgamle arkader, vi skulle vandre hånd i hånd gennem kultur, historie og smukke tanker. Jeg vidste det jo godt fra de mange gange, jeg tidligere har været her i skøgen blandt alle verdens byer, dig, Bologna, du lokker med Sireners skønsang om alt det vidunderlige, du kan byde mig, og hver eneste gang ender jeg med at konstatere, at du sender mig direkte ind i Helvedes forgård af ulidelig fugt og den tungeste varme noget sted på Jorden kan byde ind med! - Selv dine skyggefulde vidunderlige arkader svigter, når man først er kommet der.

Jeg siver op ad en af de uendelige hønsestiger inden i et af dine lumske tårne i håb om frisk luft på toppen; men hvad møder du mig med der? - Den mest fantastiske udsigt, så smuk og skøn som selveste Paradisets Have; men du er som Fanden selv, der blot frister, for når jeg på ny er dernede, forsøger du straks at kvæle mig i din ulidelige varme eller drukne mig i din modbydelige fugtighed! End ikke at kysse dig, min elskede, orker jeg længere.

Kom, lad os købe en togbillet væk fra dette forfærdelige sted på Jord; nåh, nej, jeg har jo lige noget, jeg skal gøre, jeg skal arbejde, kun tænke på dig, kun drømme om dig er muligt. Nej, end ikke drømmene holder ved, de smelter eller opløses i din fugt med de svirrende myg. Jeg har endnu en gang mødt Dantes Helvede på Jord!

24. Le montagne d'Albano

i grå bjerges favn
fuglefløjt brød vand vin ost
på grønneste græs

cikaders blå sang
oliventræers skygge
frokosten nydes

fårehyrders råb
i løvet fugle flakser
vi går væk herfra

tungt falder regnen
dalen borte i disen
hænderne kolde

skyerne skilles
rødt lyser solnedgangen
månelys stjerner

nathimlens skønhed
dine læber er varme
ro rød harmoni

25. Molise

Solbrune landsbyer, grønne marker, hvide skyer, flyder i forventningsfulde strimer forbi øjenkrogene i lyseste optimisme. Solen fylder himlen ud, varmen falder af Maserati'ens air condition kølede tonede ruder i fartvinden, velværet vokser, farten øges og tankerne flyver forud mod uendelighedens mål akkompagneret af Eros Ramazzoti i det cool designede stereoanlæg, og mens lædersæderne dufter forjættende, kommer drømmene til.

Uventet står du midt i mine tanker, fylder min verden ud, skygger for solen og udsynet, mit hjerteblod strømmer hurtigere, længslens pinsler bremser bilens fart, jeg står ud i denne grønne grøftekant og ser ud over de vidunderlige landskaber, mine landskaber med de blånende bjerge langt derude, derude, hvor du venter; men nu kalder så intenst på mig, at jeg går helt i stå. Maserati'ens bløde elegante linjer spejler dig, min elskede, spejler dig i mig selv, så jeg må stoppe op og begynde forfra på mine tanker, så du kommer i fokus, dig alene, os to udenfor verden og alligevel midt i den. Mit macho-ridt mødes herude i ensomheden og den tørre vind med al din feminine styrke, jeg smelter i mine tanker, jeg forener mig med dig derude.

Jeg vælger den stille, den snoede og hullede landevej de næste uendelige kilometer til de fjerne blå bjerge og dig, jeg ruller vinduerne ned, jeg suger Molises velkendte landskaber til mig, ind i mig, jeg bliver et med landskabet og den høje himmel på vej mod de fjerne bjerge og min elskede, dig! Bjergene kommer nærmere, det er som om jeg er gået i stå og nu uafvendeligt bliver et med dig i landskabernes skønhed allerede længe inden, vi genforenes under stjernerne i kærlighedskysset. Jeg ved, jeg vil være en anden, når jeg møder dig, end da jeg med solen i ryggen i morges tog afsted med mine hede drømme fra Termoli og havets blanke blå.

26. A Palermo con la sua luce e l'ombra

Solen
lyset luften
jeg ånder
Verden ind
kvidrende spurve
livsglæde varme
-
skygger
skyggerne
under de
mørke pinjer
med susende vind
berusende duft
ubevægelige
truende
bevægelige
uforanderlige i
foranderlighedens
kuldslåede grå
-
lyset
skyggerne
farver lyset
med mismod
lyset borte
bag sommerskyen
skyggerne flygtet
mod ukendt mål
-

lysskabte skygger
skygger
tilbage
i Verden
skyggeskabte
strimer af lys
i sindet
og byen
tryghed
fra ældgamle
solvarme mure
-
skyggedans
med solstriber
indrammer gyldent
mine dage
-
sovende skygger
skarptskårne hårde
holdes koldt i ave
af månelysets sølvlys
derude
-
din varme hud
mod min
herinde
cikadernes sang
i vore øren
måneskin
i vore
øjne
-
stjerneskær
og hvileløse
blå drømme
slukker sjælenes
brændende uro
med håb i hvidt
akkompagneret af
Palermos bløde røde
nattelyde

27. Quando le stelle si spengono

Fløjlsblød august nat
din varme hud mod min
skodderne åbne vindstille
stjerneskærets sølv
lægger sig stille
til hvile i mit blik
du sover lykkelig trygt
i mine stærke arme.

Langsomt blegner himlen
de første strejf af rødt
stjernerne rejser bort
vinker kærligt farvel
en sidste stjerne
over oliventræets krone
hilser os værdigt
med morgenbrisen.

Morgenstilhedens blå
uendelighed
de første fuglestemmer
tager vore drømme
på rejse mod ukendt mål.

Umærkeligt blidt
tager dagen os til sig
det er næsten som
havde natten aldrig været
kun lyset og livet råder
du vågner med lyse tanker
holder fast i mig
og min glæde
nu kan jeg sove.

28. Ottobre a Cefalù

Fremmed er byen, natten svøber sig koldt om huse og sjæle, tågen brydes af bilernes lygter. Regnvåde gader, genskin fra ruder bag skodder oplyste, fjerne lige her foran mig. Jeg falder ned tungt i caféens bløde røde stole, lugt af snavs og kaffe, drikker min Caffè Latte, eller Caffè Romano, som de lokale her på den provinsielle nordkyst kalder den varme drik; mens de ser den anden vej. Tænker over, hvorfor hvert hus er som vand i strandkantens grå sand og sten? - Videre, jeg skal videre om lidt eller senere mod ukendte mål i denne klamme nat, min macho-blå Alfa Romeo Giulietta QV står kraftfuld klar i regnen. Når alt går godt, så ved jeg det ikke; når alt går galt, så ved jeg det hele. Jeg forstår dig ikke, hvorfor du uden ord kastede vore år sammen fra dig uden videre? - Mine tanker tømmes for indhold og drømme og farver, forgæves forsøger jeg at fange gyldne glimt af os i min brudte erindring. Hvor er mit hjerte? - Tømt for varme og glæde, alt det blide og smukke, du bragte med til os. Pludselig lys i øst, langsomt breder det sig skærende orange langs den forrevne kyst, kaster sig over tingene omkring mig, opsluger mig, tager min kraft, bygger dagens skygger op, åh, jeg græder indvendigt over dine gule rosers torne, ligegyldighedens farveløse utilnærmelighed, musikkens øredøvende stilhed på bjerget, der bærer Tempio di Diana højt hævet over den våde by – vis mig, hvad du gemmer bag uendelighedens horisont, og min sjæl vil favne dig påny! - Kaster bilen brølende ud fra fortovskanten på vej mod det umulige håb længere borte, jeg skal nå det inden, mine tanker indhenter mig.

29. Pomeriggio d'autunno sulla costa di Capri

Sangen
  jeg hørte sangen
  som skønhedens sang
  hørte sangen som et stykke
  af himlens sommerblå kant
  musik i mine øren
      solnedgangen i Middelhavets
      brusende bølger
      vugger stranden til ro
      for mine blanke øjne
          aftenvinden forlader modvilligt
          sine kølige blå og grøn
          bjerge og kløfter
          løfter mine ord
              let mine ord flyver
              over uendelige bølger
              til fjerneste kyster
              tavs og stille står jeg
              alene tilbage i gråt
                  alt blev tyst hvidt
                  stilheden fristende
                  Månen og stjernerne
                  til at huske mig
                  i uendeligheden
                      derude bag
                      horisonten
                      står Paulus fortsat
                      stolt tanketung
                      ved masten
                      skuer gennem
                      tidernes uforstand
                      ligegyldighed
                  drivende skyer
                  så hvide i det blå
                  kommer med håbet
                  rækker mig hånden
                  til håbet verden.

30. Tempio di Hera a Selinunte

Tidløse templer
blide vinde mellem søjler

din kærligheds savn
formørker stjernehimmelen

min kærligheds attrå
tænder månens lys

dine tanker tager mig
fri af sindets bånd

mine tanker kalder
daggryet frem

din hånd er begær
i min

mit kys er længsel
i dig

vore sjæle forenes
i os

templer uden tid
tid uden templer

tid til tid
harmoni

31. Cena a Milano nel cielo di luglio

Blødt blidt aftenlys,
skaber ro harmoni,
vi bliver alle smukkere
for hinanden i caféens verden.
Samtalen venlig interesseret,
drueduften stiger fra glassene
formilder tale og tanke.

Bordfordelingen tilfældig,
sikkert intuitiv, ikke ligegyldig.
Hendes blik holder ham fast
henover det enkle bord.
Distraherende intenst,
også hendes lår på stolen
i den dybrøde nederdel,
et guldkors glimter

Han hører ikke længere
deres dybe samtale om
kloge og vigtige emner,
svæver vist nærmest,
en ud af kroppen oplevelse,
fornemmer hende fysisk,
dybdeinhalerer duften
fra det lækre, blonde hår.

Alligevel styrer de sig begge
gennem fire retter med
vin, café-latte og viise ord
med tynge og indsigt.

I stjernedrysset følges de,
vælger den langsomme
tæppebelagte trappe
til tredje og bliver stille.
Begges blikke brænder,
blidt fletter fingrene sig;
lader de kyssene komme,
døren vil lukke bag dem.

En verden vil skabes
af uberørt skønhed,
en verden vil fyldes
af forargelsens mørke.

32. Il lago incantato di Nemi

Midt på en
solbeskinnet dag
kan jeg savne
nattens stjerner

Om natten
med månesølvet
kan jeg søvnløs
drømme om dag

I bunden
af den grønne dal
Nemisøen
spejlblank tidløs

Jeg elsker
græsset og jorden
jeg ved intet
bedre end vand

I vandet
flyder tankerne
dem ingen ser
de inderste

Jeg ikke
vover at vise
for jer andre
får vandet.

33. Sulla scala della Santa Maria in Aracoeli

På trappen til Himlen
står en engel
og drømmer

stille og forsigtigt
træder jeg nærmere
livets mening

hvad trykker du dog
til dit bryst
du hvide engel?

Hvorhen svæver
dine tanker
dit håb?

Sætter mig her
i skyggen
ved englens fod

tænker på
den aller sidste dans
i går aftes

savner dig her
blandt brudepar
englen samler op

ringen glimter
i erindringens
lys

den hvide engel
ser min ring
på din finger

ved englens bryst
bekymringen
for os to

34. I nostri angeli blu da Ravenna

Den blide nattebrise
danser stilfærdigt
med hvide gardiner
*

blanke månestrålers bro
inviterer de blå engle
ind i vore drømme
*

sover slet ikke nyder
din trygge stille søvn
du smukkeste kvinde
*

blunder til cikaders sang
og mørke pinjers brus
føler dit varme blik
*

dine kærlige hænder
på min svedige krop
den bløde hud mod min
*

et kys så brændende hedt
duft af mand og kvinde
begær passion lidenskab
*

inspirerende bryster
dine inviterende ord
min brændende pik
*

vil fortælle jeg elsker dig
mine ord drukner i kys
din krop dine blikke
*

glider langsomt op i dig
du sidder så smilende skønt
sammen bevæger vi os blidt
*

en verden forsvinder
i den fløjlsbløde nat
jordisk livsglæde hersker
*
med flettede fingre
vokser balance harmoni
og utænkelig tryghed
*
stjerner og Guds engle
våger over kærlighedsofret
bekræfter et morgengry

35. Le montagne d'Abruzzo

Bevidstheden
velkonsolideret
lykkelig let
som englenes vinger

Vemodets blå
uforståelig tung
depression
natmørkets ensomhed

Jeg kan vælge
overgivelsens vej
natsidens ly
skyggernes dæmoner

Jeg kan vælge
følelsernes skønhed
kærligheden
uendeligheden

Verden vælter
perceptionens byrde
sjælen vågner
livgivende kraftfuld

Solopgangen blodrød
de grå bjerges himmel
brændende ny
skaberværkets glæde

36. Cartolina con amore da Roma

All the moments of life
Which are remarkable
In between people
Randomly together
In the significant moment
Wordless story telling
About the miracle of life
Take place and begin.

You my love and I
Looking into the eyes
Of each other now
Gives more moments
Between us
Than there are minutes
In the infinity of eternity.

More wordless bonds
And fine shiny threads
Are binding us together
Than could be imagined
By any ones blue thoughts.

Our souls closely bonded
To each other by invisible
Threads of obligations.

37. Credo

Der er noget bag bjergene
på den anden side dalene -

Bag blomsterne og sangene;

der er noget bag stjernerne,
på den anden side tiderne -

Bag livet, bag stjernerne;

der er noget bag kærligheden,
på den anden side følelserne -

Der er noget bag evigheden,
der er noget før begyndelsen -

Bag storhed, bag ydmyghed;

kald det tro,
kald det ånd
kald det Gud
kald det blot,
hvad du vil -
hvis du ser!

Vælg fra
Vælg til,

i åbenhed
i fortrolighed
i vished

Vælg du dit,
som jeg vælger mit;
men vælg!

38. Pensieri dell'uomo sulle donne

Kvinden skabt
i skønhedens lys
af mandens ribben

hun poserer
sin kvindelighed
henter styrken
fra bjergene
bygger tanken
på uendeligheden
overvældende

kvinden forbliver
for manden
så gådefuld
som Verden
bag næste bjerg
livets gåde
sandheden
i oliventræers duft

manden følger
hende eller tomheden
en Beatrice
sjæleføreren
gennem Helvedes ild
Himmelens blå
til det ukendte
hinsidige

kvinden er i et
kunstnerens drøm
elskerens bøn
mandens krav
intet er manden
uden kvinden
i livet
pinjernes sus

Farliga drömmar

Gå icke alltför nära dina drömmar:

> de äro en rök och de kunna förskinras -
> de äro farliga och kunna bestå.

Har du skådat dina drömmar i ögonen:

> de äro sjuka och förstå ingenting -
> de hava endast sina egna tankar.

Gå icke alltför nära dina drömmar:

> de äro en osaning, de borde gå -
> de äro ett vansinne, de vilja stanna.

Edith Södergran, 1925

39. L'illustrazione della pagina anteriore

Fra samme forfatters hånd:

Skønlitteratur:

- "Litteraturtidsskriftet Lasso", Oslo, 2014
- "Astrið – Når lyset skifter", Novellecyklus 2. udgave, 2014
- "Sindets Stjerner, Digte, 2014
- "Tidsskrift M gasin XXXV, XXXVI & XXXVII 2014" *(Poetklub Århus)*
- "Stilhedens Melodi", Digte, e-bog, 2013
- "All the Stars in my Mind" Poems, e-book, 2013
- "Øjeblikkene" Digte, 2012
- "Mellemrum" Digte, 2011
- "Øjeblikkenes Melodi" Digte, 2011
- "Hov – vent et øjeblik!" Antologi ved "DigteDK.com", 2011
- "Fyldepennen.dk" - her er udgivet et større antal enkeltstående digte
- "Relationer – Fragmenterede fortællinger i digt", 2010

Faglitteratur i udvalg:

- "Den Ny Kongerække", 2009
- "Danmarkshistorien i Slangerup", 2008
- "Nordsjællandske Sommerglæder", 2005
- "FAHS Årbog 2003": Om Admiral Andreas du Plessis de Richelieu
- "Quintorp/Kvinderup – en landsby", 1976
- "Senmiddelalderlige Købstadsforhold", 1972

Foredrag, forelæsningsrækker i udvalg:

- "Trolde, nisser & folkesagn før, nu og altid"
- "Vikinger – Asatro, magt & kristendom"
- "Danmark før Danmark"
- "Møde med Rom – før, nu & aldrig"
- "Kongernes Nordsjælland før og nu"
- "Kulturgrammatik i ledelse ude og hjemme"
- "Story-telling som ledelsesværktøj"

Med forfatteren som fortællende guide:

- Roma eller Sicilien
- Skåne eller Norge